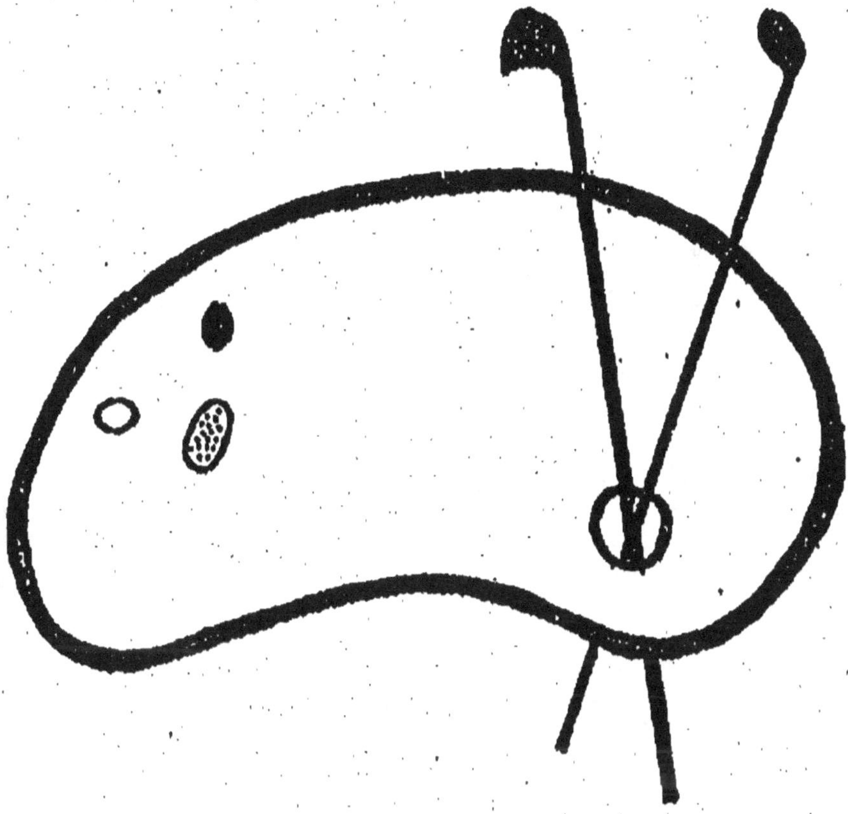

DEBUT D'UNE SERIE DE DOCUMENTS
EN COULEUR

JOSEPH REINACH

LES ENSEIGNEMENTS

DE L'HISTOIRE

PARIS

AUX BUREAUX
DU JOURNAL « LE SIÈCLE »
la Grange-Batelière, 12

P.-V. STOCK, ÉDITEUR
8, 9, 10, 11, Galer. du Théâtre-Français
(PALAIS-ROYAL)

1898

MÉNARD & CHAUFOUR 4.40. RUE MILTON
PARIS

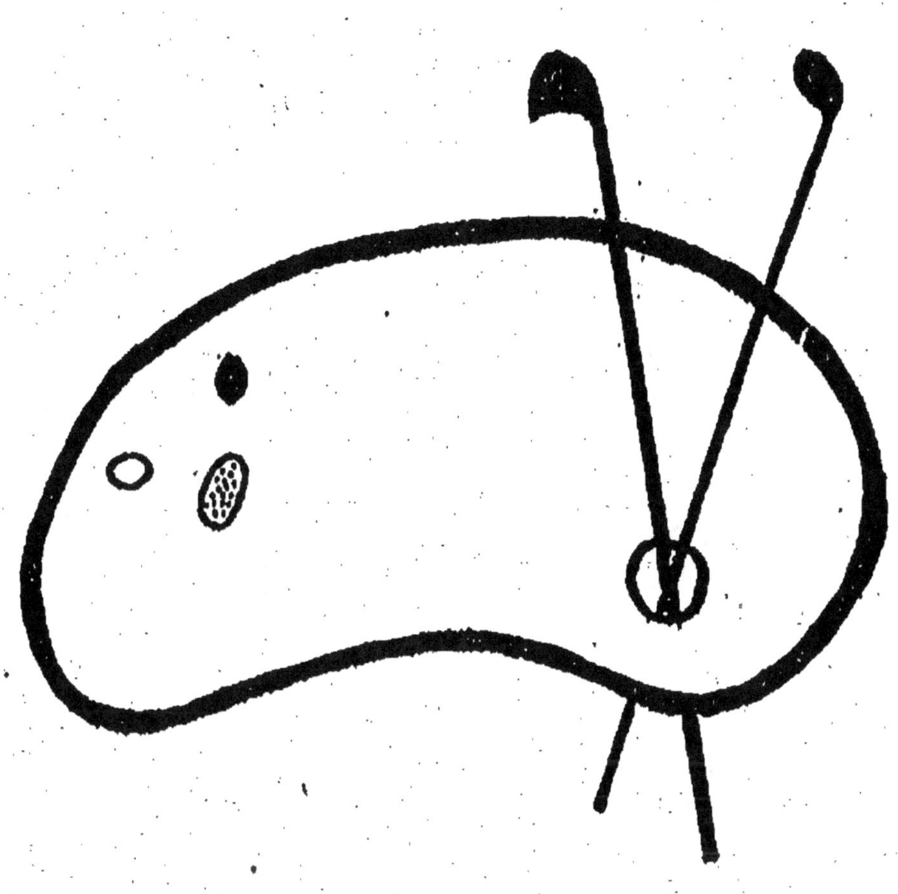

FIN D'UNE SERIE DE DOCUMENTS
EN COULEUR

JOSEPH REINACH

LES ENSEIGNEMENTS

DE L'HISTOIRE

PARIS

<table>
<tr><td>AUX BUREAUX
DU JOURNAL « LE SIÈCLE »
12, Rue de la Grange-Batelière, 12</td><td>P.-V. STOCK, ÉDITEUR
8, 9, 10, 11, Galer. du Théâtre-Français
(PALAIS-ROYAL)</td></tr>
</table>

1898

LES ENSEIGNEMENTS

DE L'HISTOIRE

Un philosophe, qui n'entendait rien à la stratégie, a
écrit autrefois que « c'était le maître d'école prussien
qui avait gagné la bataille de Sadowa ». Ce n'était pas
vrai. Les victoires, c'est les gros bataillons qui les rem-
portent. Cependant la force matérielle n'est pas tout ;
la force morale est aussi quelque chose. C'est pour un
pays une cause dangereuse d'infériorité quand il n'a
pas pour lui, au début d'une guerre, l'opinion du monde
civilisé.

I

Ceux pour qui les enseignements de l'année terrible
ne sont pas perdus n'ont pas oublié la circulaire de M.
de Bismarck, en date du 29 juillet 1870, et les désas-
treuses conséquences qu'elle eut pour la France. Qui,
de la France ou de la Prusse, était responsable de la
guerre qui venait d'éclater ? L'Europe, surprise par la

rapidité du conflit, était encore hésitante dans ses sym-
phaties. Le chancelier de l'Allemagne du Nord la dé-
cida par ses révélations.

Il s'agissait des demandes de compensation que l'Empereur Napoléon III avait fait présenter au roi Guillaume après la bataille de Sadowa. Cette victoire avait
fait de la Prusse une puissance militaire et politique de
premier ordre. Les duchés danois, le royaume de Ha-
novre, la ville libre de Francfort, l'électorat de Hesse, le
duché de Nassau avaient été, d'une seule bouchée, en-
gloutis par le vainqueur. L'Empereur se sentit atteint
dans son prestige par ce rapide agrandissement d'un
ambitieux voisin. Comme il était l'auteur de l'alliance
de la Prusse et de l'Italie, cause première de la défaite
de l'Autriche, il avait demandé pour salaire « la rive
gauche du Rhin jusques et y compris Mayence ». Cette
requête avait été vivement repoussée. L'Empereur offrit
alors au roi Guillaume son alliance offensive et défen-
sive aux conditions suivantes : il reconnaîtrait les acqui-
sitions que la Prusse avait faites à la suite de la der-
nière guerre, ne s'opposerait pas à une union fédérale
de la Confédération du Nord avec les Etats du Midi de
l'Allemagne ; en échange, Guillaume promettrait ses
bons offices pour faciliter à la France l'acquisition du
Luxembourg et le concours de ses armes pour la con-
quête de la Belgique.

La diplomatie de M. de Bismarck était généralement
dénuée de scrupules : celle de Napoléon III la dépassa,
ce jour-là, en cynisme. La France vivait en paix avec

la Belgique dont elle avait solennellement garanti la neutralité et l'indépendance : Napoléon, demandait à Bismarck le concours des armées prussiennes pour s'en emparer. La France avait promis sa protection aux Etats du Sud de l'Allemagne : à l'heure même où il se posait comme leur protecteur contre le vainqueur prussien, Napoléon les lui livrait.

Mais cette politique de Napoléon III avait été plus imprudente encore que cynique.

Quand le comte Benedetti, ambassadeur de France à Berlin, communiqua à M. de Bismarck, le 20 août 1866, sous la forme d'un traité d'alliance, les demandes du gouvernement de l'Empereur, le ministre prussien n'avait fait que des observations de détail. Sur ses instances, M. Benedetti prit la plume et, sous sa dictée, introduisit dans la minute les modifications réclamées. Il transcrivit ensuite de sa main, sur une feuille de papier officiel, le projet amendé et raturé; il le remit avec une parfaite confiance à M. de Bismarck qui devait le présenter à l'examen et à l'approbation de son souverain (1).

Quelques jours après, fort de l'entente qu'il venait de conclure avec la Russie, M. de Bismarck rompait brusquement les pourparlers avec M. Benedetti; il gardait toutes ses conquêtes sans offrir un mètre carré de compensation à la France ; il gardait aussi, dans sa poche, le document autographe de l'ambassadeur français.

---

(1) Rothan *la Politique française en 1866*, p. 383; Benedetti, *Ma Mission en Prusse*, p. 143; Grammont, *La France et la Prusse*, p. 294; etc.

C'est ce document que M. de Bismarck fit reproduire par la photographie en 1870, qu'il soumit, après la déclaration de guerre, à l'examen du corps diplomatique accrédité à Berlin, qu'il fit publier par le *Times* du 25 juillet et qu'il annexa à sa circulaire du 29.

« Le projet qui se trouve entre nos mains, disait le chancelier fédéral, est, du commencement jusqu'à la fin, écrit de la main du comte Benedetti, sur le papier de l'ambassade impériale française; les ambassadeurs à Berlin, d'Autriche, d'Angleterre, de Russie, de Bade, de Bavière, de Belgique, de Hesse, d'Italie, de Saxe, de Turquie, de Wurtenberg, auxquels l'original a été montré, ont reconnu l'écriture. »

Il faut se reporter aux journaux de l'époque pour avoir une idée de la stupeur que cette publication provoqua en Europe. Le procédé de M. de Bismarck était assez inusité : il témoignait tout au moins, « d'un mépris des hommes et d'une hauteur de scepticisme dont l'histoire présente peu d'exemples (1) ». On le jugea pourtant de bonne guerre; toute la colère, toute l'indignation se tournèrent contre Napoléon, — hélas ! aussi contre la France. La conduite de l'Empereur à l'égard des Etats du sud de l'Allemagne, qu'il encourageait à la résistance contre la Prusse et qu'il lui vendait à la même heure, était qualifiée d'abominable trahison. Son projet d'agression contre la Belgique, avec le concours de la Prusse, était le fait d'un chef de brigands. Et quelle basse, quelle odieuse hypocrisie, au lende-

---

(1) Sorel, *Hist. dipl. de la guerre franco-allemande*, tome Ier, p. 222.

main du refus de cette combinaison! « De tous les griefs invoqués par la France, écrit un historien, il ne paraissait plus subsister que les rancunes d'une ambition déçue, de la jalousie, de la rivalité. Il semblait que la Prusse avait poursuivi une grande idée : l'unité de l'Allemagne ; que la France avait obéi à des calculs vulgaires. (1) »

Le duc de Grammont lui-même, quelque sot qu'il fût, ne put se dissimuler l'effet que produisait cette révélation de la duplicité impériale. « Rien ne pouvait, être mieux calculé, avoue-t-il dans son plaidoyer (2), pour soulever contre nous l'opinion publique encore indécise ». En vain, pour parer le coup, essaya-t-il de nier l'authenticité du projet. Le fac-similé photographique, publié par M. de Bismarck, ne laissait subsister aucun doute, faisait des démentis de M. de Grammont autant de mensonges. Un peu plus tard, quand l'état-major allemand s'empara à Cercy des papiers de Rouher, le chancelier fédéral y trouva la preuve, qui est aujourd'hui aux archives prussiennes, que le projet de traité avait été apporté de Paris, tout libellé, par M. Chauvy, attaché au ministère d'Etat, que le débat entre Bismarck et Benedetti s'était engagé sur ce document.

Dans les huit jours qui suivirent cette publication, la Russie s'entendait avec la Prusse en vue d'une intervention éventuelle ; l'Autriche proclama sa neutralité, ne se souciant pas de s'engager avec un gouvernement qui

---

(1) Sorel, p. 223.
(2) *La France et la Prusse*, p. 299.

venait d'être convaincu de fourberie ; la presse anglaise se tourna contre la France et le cabinet de Londres montra plus que de la défiance à son égard ; enfin, les particularistes de l'Allemagne du Sud, écœurés et révoltés, se jetèrent dans les bras de la Prusse.

La France n'avait plus seulement devant elle la Prusse armée jusqu'aux dents, mais toute l'Allemagne, frémissante, et, derrière l'Allemagne, malveillantes ou même hostiles, la Russie, l'Autriche, l'Angleterre, — toute l'Europe.

II

Et pendant que je retrace ce chapitre désolant de l'histoire d'hier, je songe à ce qui pourrait être l'histoire de demain ; mon inquiète pensée va vers d'autres papiers, plus redoutables cent fois que celui de M. Benedetti, qui sont, eux aussi, à Berlin.

Est-ce que les ministres, est-ce que M. le président de la République n'y pensent pas, eux aussi, quelquefois ? Peuvent-ils y songer sans de terribles angoisses ?

Ils savent, puisque nous le savons, quels sont ces papiers, plus de cent cinquante notes, dessins et croquis, bordereaux de tous genres, qui ont été payés, à beaux deniers comptants, par M. le colonel de Schwartzkoppen à un homme qui porte encore l'uniforme de l'armée française avec la croix de la Légion d'honneur.

Et ils savent aussi ce qui en fait la terrible gravité. Non pas qu'il n'y ait, d'un bout à l'autre de l'Europe, dans tous les bureaux de renseignements et dans tous les ministères de la guerre, des centaines de papiers de ce genre, achetés, aux mêmes conditions, à des espions et à des traîtres Il y a eu, de tout temp , chez tous les peuples, dans toutes les armées, dans les plus braves et les plus disciplinées, des misérables qui ont vendu des documents secrets pour quelques pièces d'or.

Mais ces papiers, qui sont à Berlin, sont la preuve éclatante, irrécusable, qu'un innocent expie le crime d'un autre — et que cet autre est protégé contre l'évidence par ceux qu'il a eu l'atroce audace d'appeler « ses pairs ».

Celui qui a été condamné l'a été par des juges de bonne foi, — je le dis comme je le crois, — et je n'aurais pas écrit de ceux qui ont acquitté l'autre qu'ils l'ont acquitté « par ordre ». N'étant pas romantique comme l'illustre poète de *Germinal*, j'eusse écrit, dans la vieille langue classique, « *comme* par ordre ». Ce petit mot de plus, c'était toute la vérité, l'incontestable vérité. Il n'en reste pas moins que l'homme dont le colonel de Schwartzkoppen disait au colonel Panizzardi : « C'est mon homme ! », c'est le même dont le général de Pellieux se félicitait d'avoir provoqué l'acquittement, contre lequel le général Billot, ministre de la Guerre, n'a pas osé sévir, même après l'aveu des lettres à Mme de Boulancy, et à qui les officiers de l'État-Major, témoins à la Cour d'assises, ont été condamnés, par ordre cette fois, à donner la main.

Alors, qu'un jour ou l'autre, que demain — *Di ! tale avertite...* — un conflit éclate entre la France et l'Allemagne. Ces papiers ont été photographiés, comme l'avait été la note de M. Benedetti sur la Belgique. Ils paraissent en *fac-similés* dans tous les journaux. Un successeur de M. de Bismarck les annexe à quelque circulaire diplomatique. Et voilà, devant le monde entier, accusés d'imposture et de félonie, convaincus en tout cas de la plus injustifiable des erreurs, les chefs mêmes de cette armée qui va se battre !

Qui ne frémirait d'horreur à cette pensée d'un Sedan moral avant que ne soit tiré le premier coup de fusil ? Cette pensée vient pourtant à l'esprit. Elle hante le mien depuis de longs mois. C'est une idée, dira-t-on, qu'il ne faut pas exprimer, qu'il faut chasser. J'entends bien : c'est la politique de l'autruche qui cache sa tête dans le sable pour ne pas voir le danger. Le danger arrive quand même. L'Alsace-Lorraine la connaît, cette politique : c'est la politique du second empire, qui se fâchait contre les avertissements angoissés de Stoffel, de Ducrot, de Trochu, de Thiers. Peut-on voir le gouffre et se taire ? On ne doit pas que sa vie à la patrie : c'est aisé de la lui donner. On lui doit la vérité, toute la vérité. C'est plus difficile. Mais, coûte que coûte, il faut la dire, surtout quand il est temps encore de parer au danger, à l'abominable humiliation.

Liberavi animam meam.

III

Qu'était auprès des cent et quelques papiers qui sont aujourd'hui à Berlin, celui que M. Benedetti avait laissé

à Bismarck ? Sans vouloir diminuer la faute de l'empereur, il n'avait proposé, après tout, que ce que bien
d'autres avaient fait avant lui, sans provoquer tant de
scandale, et Bismarck lui-même, qui avait bien com-
mencé par offrir, avant la bataille, cette Belgique qu'on
lui réclamait niaisement après sa victoire ! On a vu
cependant quelles furent les conséquences de cette
révélation. On pardonne à un coquin ce qu'on ne
souffre pas d'un honnête homme. La France porte le
poids d'un trop noble, d'un trop glorieux passé. Elle
est prisonnière de sa renommée. Ses moindres défail-
lances deviennent, rien que par comparaison, des
crimes.

Mais où seraient les circonstances atténuantes si
l'affreuse menace se réalisait ? Depuis huit mois, quelles
sont les preuves, quels sont les avertissements qui ont
fait défaut ? Il n'est pas jusqu'à cette menace même
d'une éclatante révélation allemande dont une voix
amie, très autorisée, venant d'Angleterre, n'ait averti,
hier encore, les pires sourds qui ont trompé ce géné-
reux peuple.

M. le ministre des affaires étrangères ne saurait
ignorer quelle est, parmi les grandes revues anglaises,
la situation de la *National Review* de Londres. Or,
voici ce qu'il a pu y lire, le 1er juin, dans un article sur
l'affaire Dreyfus : « L'amour de la nation française pour
« son armée est aussi ardent, aussi romanesque que
« celui d'une femme pour son amant. Hélas ! que se
« passerait-il le jour où ces foules qui s'en vont criant

« à travers les rues : « Vive l'armée ! Mort aux Juifs ! »
« apprendraient, à n'en pouvoir plus douter, par une
« déclaration venant du dehors, que leur confiance a
« été trompée, que ces chefs qu'elles acclamaient si
« follement au procès Zola ne lui ont pas dit la vérité,
« que Dreyfus est une innocente victime ? L'empereur
« Guillaume tient, en effet, entre ses mains une arme
« avec laquelle, *quand il trouvera une occasion favo-*
« *rable*, il pourra briser l'État-Major et détruire, pour
« une génération, la foi du peuple français, dans les
« chefs de son armée. » — J'atténue, en le traduisant,
le texte anglais ; il est là, cependant ; il a déjà été lu par
des milliers de lecteurs, et la conspiration du silence la
mieux organisée ne fera pas que ces lignes n'aient point
été écrites.

« La série des documents secrets vendus par Ester-
« hazy ne cesse pas avec le mois d'octobre 1894, date
« de l'arrestation de Dreyfus ; elle s'étend jusqu'en 1896,
« comprenant nombre de documents importants, d'une
« date postérieure à celle d'octobre 1894, *tous de la*
« *même écriture que le bordereau.* Dreyfus n'a pu les
« écrire, puisqu'il était déjà en prison... Eh bien ! l'em-
« pereur Guillaume n'a qu'à communiquer à la presse
« française ou européenne quelques-uns de ces docu-
« ments, pour pouvoir, *quand il lui plaira*, rompre et
« déchirer le tissu de mensonges sous lequel l'État-Major
« cherche à cacher ses méfaits. Le dénouement viendra
« probablement de cette façon. Il paraîtrait que Schwartz-
« koppen était déjà autorisé par l'Empereur, quand il

« communiqua au comte Casella les quelques bribes de
« vérité qui ont paru dans le *Siècle* du 8 avril. A quel
« moment Guillaume II tirera-t-il le lacet où tant de
« généraux et d'officiers français, où presque tous les
« chefs des partis politiques, à l'exception des socia-
« listes, ont si complaisamment enfermé leurs cous ? »

Et cet Anglais qui sait tant de choses, qui lit si
bien dans les desseins de ce petit-fils de la reine Vic-
toria, dans l'âme complexe de ce Lohengrin couronné,
cet Anglais n'est pas un ennemi de la France. C'est un
ami, puisqu'il nous montre le noir nuage qui se forme
à l'horizon. C'est un ami, puisqu'après avoir lancé cet
avertissement, il s'écrie : « Heureux les Français s'ils
« peuvent faire justice *sans une pareille intervention* ! »
Et plus loin : « Les juges de la Cour de cassation, en
« annulant le jugement qui a condamné Zola, ont in-
« diqué clairement qu'ils attendent que l'occasion leur
« soit donnée d'annuler également la sentence illégale
« qui a frappé Dreyfus. Il y a donc encore quelque es-
« poir pour la France. La Cour suprême garde en vie
« la conscience française. Tous les vrais amis de la
« France souhaitent que le jour soit proche où l'on
« entendra la voix de ces magistrats, où le pays sera
« forcé de s'éveiller au sentiment de la justice, échap-
« pant à l'horrible cauchemar qui pèse maintenant sur
« lui ».

C'est la solution que j'ai, pour ma part, toujours in-
diquée. Dreyfus n'a pas été condamné qu'injustement ;
il a été condamné irrégulièrement. L'intérêt de la loi

prime tous les autres. On sait d'ailleurs que le gouvernement seul peut demander cette revision dans l'intérêt de la loi.

Et, sans doute, beaucoup devront se dédire qui affirmaient que Dreyfus a été justement et régulièrement condamné. Mais quoi de plus honorable que l'aveu loyal d'une erreur! Et tout ne vaut-il pas mieux que cela ?...

Rien que le vent de la justice, balayant le ciel, peut dissiper ce nuage qui monte.

JOSEPH REINACH.

4 Juin 1898.

M. Joseph Reinach ayant été à la suite de cet article, déféré, en sa qualité de capitaine de cavalerie territoriale, par M. le général Billot, ministre de la guerre, à un Conseil d'enquête, M. Conybeare lui adressa la lettre que voici :

Oxfor, 23 juin.

Monsieur.

J'apprends par les journaux que vous êtes soupçonné à Paris d'être l'auteur de l'article que j'ai publié dans la *National Review* du mois de juin et dont vous avez traduit quelques lignes dans le *Siècle*.

Je n'ai point le plaisir de vous connaître ; je crois cependant devoir, en honnête homme, déclarer par les présentes que je suis le seul et unique auteur de l'article de la *National Review*. Je suis un ami de la France, j'ai toujours souhaité sa prospérité et sa grandeur ; c'est ainsi que j'ai cru utile de publier les informations que j'avais puisées, au sujet de l'affaire Dreyfus, aux sources les plus sûres et les plus authentiques.

Aucun démenti autorisé ne sera opposé aux faits que j'ai établis sur la foi des autorités les plus incontestables.

Je suis assuré ainsi que le colonel de Schwartzkoppen ne niera pas qu'il donnait une mensualité de *deux mille francs* à son informateur habituel, le commandant Esterhazy.

Je vous affirme que l'Etat-Major français est menacé de voir publier par des journaux étrangers les fac-

similés des documents qui ont été vendus par Esterhazy au colonel de Schwartzkoppen et qui sont tous
écrits de sa main.

Je vous affirme que cette éventualité a failli se réa-
liser au mois de février de la présente année et que
l'épée de Damoclès est toujours suspendue sur la tête
de l'État-Major.

Ami sincère de la France, je prie Dieu que les officiers de l'État-Major puissent agir sagement, pendant
qu'il en est temps encore, et faire preuve des qualités
et de courage qui ont toujours caractérisé éminemment
l'armée française.

Je vous autorise à publier ma lettre dans les journaux et à la communiquer aux juges du conseil militaire.

Je suis, Monsieur, votre obéissant serviteur.

FRÉDÉRIC CORNWALLIS CONYBEARE,

de l'Université d'Oxford.

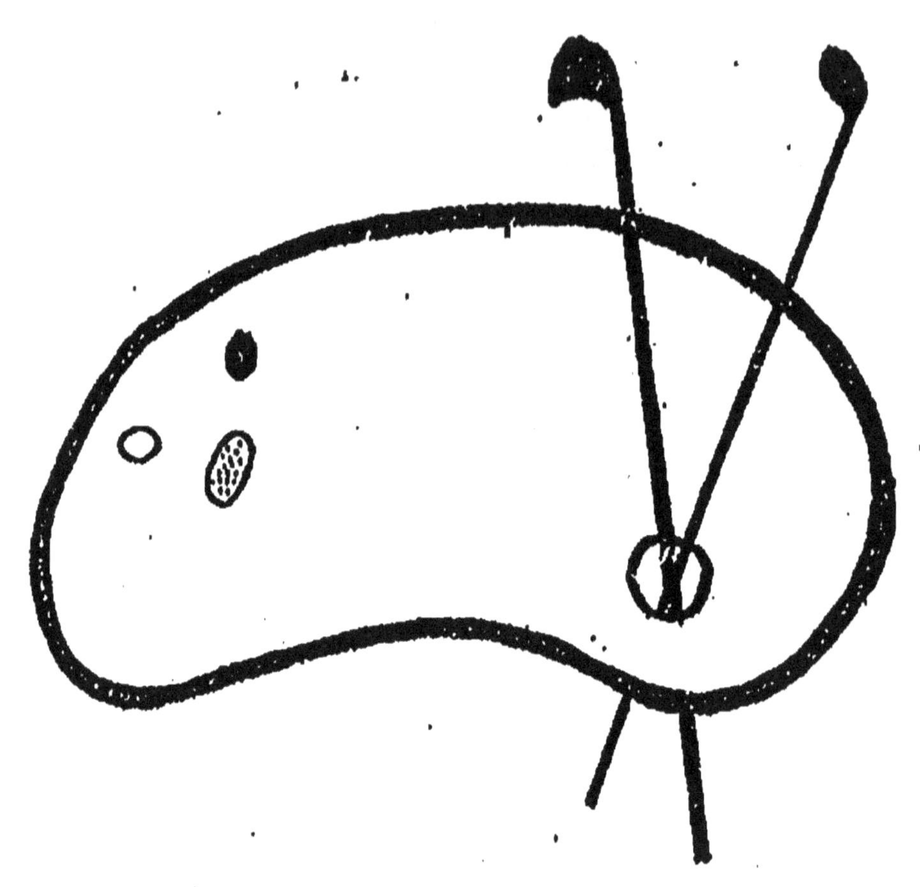